100 DINGE, DIE MANN EINFACH GETAN HABEN MUSS

DIE BUCKET LIST FÜR ECHTE KERLE

1.

MIT EINEM ROLLER DURCH THAILAND FAHREN

NATÜRLICH GILT AUCH JEDES ANDERE LAND, IN DEM EIN ROLLER EINFACH DAZUGEHÖRT.

In vielen Backpacker-Ländern, aber auch in Italien gehören die motorisierten Zweiräder einfach dazu. Und welches Abenteuer könnte größer sein, als ein Land von vorn bis hinten durchquert zu haben? Also verknüpfe doch Abenteuer und Gefährt einfach miteinander.

DATUM:

ORT:

☐ **GEPLANT**

☐ **VERSUCHT**

☐ **GESCHAFFT**

2.

ALLE STAR-WARS-FILME AM STÜCK SCHAUEN ODER MINDESTENS GESEHEN HABEN

Es ist DIE Filmgeschichte schlechthin. Ob Luke Skywalker oder Han Solo, ob Episode vier bis sechs, eins bis drei oder sieben bis neun – jede Generation hat ihre Helden. Da mitreden zu können ist Pflicht!

DATUM:

ORT:

☐ **GEPLANT**

☐ **VERSUCHT**

☐ **GESCHAFFT**

3.

EINEN FREUND VON EINEM GROSSEN FEHLER ABHALTEN

Fehler kann man viele machen, große Fehler aber können das Leben prägen. Die falsche Frau heiraten. Sich betrunken hinters Steuer setzen. Sich mit den falschen Leuten einlassen. Zeig Stärke und rede mit deinem Freund darüber, bevor er sich ins Unglück stürzt.

DATUM:

ORT:

☐ **GEPLANT**

☐ **VERSUCHT**

☐ **GESCHAFFT**

4.

50 PUSH-UPS SCHAFFEN – UND DABEI IRGENDWANN NICHT MEHR AUS DER PUSTE KOMMEN

48, 49, 50 . . . Komm schon, so schwer ist das nicht. Und bei regelmäßigem Training solltest du die Übung im Gym doch locker aus den Muskeln schütteln.

DATUM:

ORT:

☐ **GEPLANT**

☐ **VERSUCHT**

☐ **GESCHAFFT**

5.

EINEN FISCH ANGELN, ZERLEGEN UND ZUBEREITEN

Wir Menschen waren früher Jäger und Sammler. Die Frau hat die Beeren nach Hause gebracht und wir Männer haben uns um die Eiweißvorräte gekümmert. Klar also, dass du das noch tief versteckt in deinen Genen gespeichert hast. Also zeig, was du kannst. So ein Fisch fängt sich schließlich viel einfacher als ein Mammut.

DATUM:

ORT:

☐ **GEPLANT**

☐ **VERSUCHT**

☐ **GESCHAFFT**

6.

DEN SCHEIN FÜR EIN SEGELBOOT MACHEN

Christoph Kolumbus, Ferdinand Magellan, James Cook - die Liste der bekannten Seefahrer lässt sich ewig weiterführen. Reihe dich doch einfach in sie ein! Eine Atlantikdurchquerung mit dem Segelboot dauert heutzutage etwas mehr als 20 Tage. Der erste Schritt ist der Segelschein.

DATUM:

ORT:

☐ **GEPLANT**

☐ **VERSUCHT**

☐ **GESCHAFFT**

7.

DICH FÜR DIE TOCHTER ZUM GEBURTSTAG ALS PRINZESSIN VERKLEIDEN

FUNKTIONIERT NATÜRLICH AUCH MIT DER NICHTE ODER DER TOCHTER DES BESTEN FREUNDES.

Spring über deinen Schatten! So ein rosafarbenes Tütü macht sich auch an der behaarten Wampe gut. Und keine Sorge, auch das Krönchen passt hervorragend zu deinem Bart. Hoffen wir nur, dass die Kinder keine Angst vor dir bekommen.

DATUM:

ORT:

- [ ] **GEPLANT**
- [ ] **VERSUCHT**
- [ ] **GESCHAFFT**

8.

DIR EINMAL EINE KÖRPERSTELLE ENTWACHSEN

Trägt der Mann von heute Haar? Dafür gibt es keine eindeutige Regel, aber warum sollten sich die Damen mühsam einer Ganzkörperenthaarung unterziehen, wenn du währenddessen im natürlichen Pelz unterwegs bist? Sei mutig und probier es aus – man sagt, es wirkt Wunder!

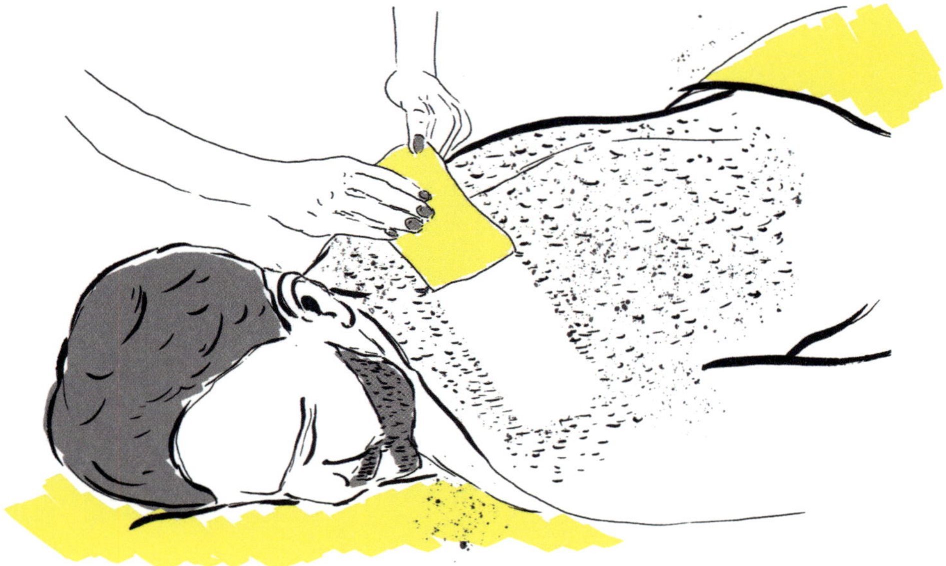

DATUM:

ORT:

☐ **GEPLANT**

☐ **VERSUCHT**

☐ **GESCHAFFT**

9.

DEINEN ELTERN EINFACH SO ETWAS GUTES TUN

Deine Eltern haben dich in den ersten Jahren deines Lebens großgezogen, sie haben für dich gesorgt und das aus dir gemacht, was du heute bist. Grund genug, ihnen ein kleines Bisschen zurückzugeben. Lade sie doch z.B. mal fein zum Essen ein, als Dankeschön für die gute Erziehung.

DATUM:

ORT:

☐ **GEPLANT**

☐ **VERSUCHT**

☐ **GESCHAFFT**

10.

AUGEN ZU UND DURCH: ECHTE INSEKTEN ESSEN

Es müssen ja nicht gleich Maden oder Heuschrecken sein. Die eher harmlos aussehenden Mopane-Raupen aus dem südlichen Afrika schmecken ein bisschen nach Bacon. Und in einigen bekannten Restaurants werden auch schon Insekten-Burger angeboten. Gegen den Welthunger ist das DIE Lösung.

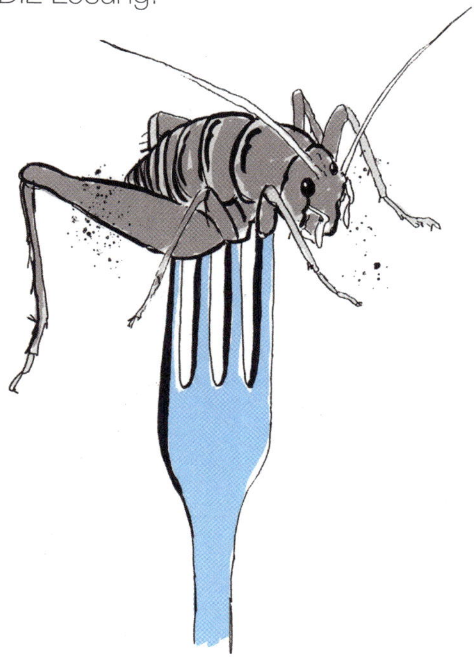

DATUM:

ORT:

☐ **GEPLANT**

☐ **VERSUCHT**

☐ **GESCHAFFT**

11.

EINEN MARATHON LAUFEN

42,4 Kilometer sind heutzutage eigentlich keine Entfernung mehr. Aber die Strecke zu Fuß so schnell wie möglich hinter sich zu bringen – das versuchen die Wenigsten. Grund genug, dass du einer von ihnen bist.

DATUM:

ORT:

☐ **GEPLANT**

☐ **VERSUCHT**

☐ **GESCHAFFT**

12.

EINEN VULKAN BESTEIGEN UND IN DEN KRATER BLICKEN

Du musst ja nicht gleich einen Ring in den Vulkan werfen, um die Welt zu retten, und aktiv muss er auch nicht sein. Aber was schon Jules Verne und Tolkien in den Bann zog, wird auch dich begeistern.

DATUM:

ORT:

☐ **GEPLANT**

☐ **VERSUCHT**

☐ **GESCHAFFT**

13.

EINEN LIEBESBRIEF SCHREIBEN

Vermutlich hast du das schon mit Martina aus der 1b gemacht. Damals, als du ihr heimlich den Zettel mit der Frage „Willst du mit mir gehen?“ unter dem Tisch zugesteckt hast. Aber gemeint ist hier die wahre Poesie der Liebe. So richtig mit ganzen Sätzen und Umschlag und so!

DATUM:

ORT:

☐ **GEPLANT**

☐ **VERSUCHT**

☐ **GESCHAFFT**

14.

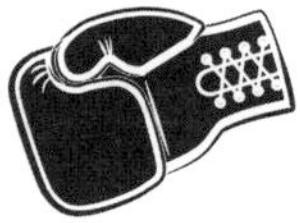

JEMANDEM ENDLICH MAL SO RICHTIG DIE MEINUNG SAGEN

Nach einer Trennung, nach einem Jobwechsel oder wenn dein bester Freund dich im Stich gelassen hat. Manchmal tut es gut, so richtig Dampf abzulassen. Natürlich immer mit dem gebotenen Respekt. Aber es wird dir gut tun, dir nicht alles gefallen zu lassen.

DATUM:

ORT:

☐ **GEPLANT**

☐ **VERSUCHT**

☐ **GESCHAFFT**

15.

EINE SERIE AN EINEM WOCHENENDE BINGEWATCHEN

Ob Big-Bang-Theory, Game of Thrones oder Scrubs. Es gibt so viele geniale Serien, die es verdient haben, dass man sie von vorn bis hinten am Stück durchsieht. Dafür ist z.B. ein verregnetes Wochenende ohne die bessere Hälfte ideal.

DATUM:

ORT:

- [ ] **GEPLANT**
- [ ] **VERSUCHT**
- [ ] **GESCHAFFT**

16.

EINMAL AUF EINEM MEHRTÄGIGEN FESTIVAL GEWESEN SEIN – INKLUSIVE SCHLAMMSCHLACHT

Die besten Kumpels, wahlweise mehrere Kisten Bier oder Partyfässer und den Van geschnappt – los geht's. Ein unvergessliches Wochenende auf einem Festival und definitiv etwas, das du unbedingt mindestens einmal im Leben gemacht haben solltest. Auch (oder vor allem) wenn es regnet und stürmt.

DATUM:

ORT:

☐ **GEPLANT**

☐ **VERSUCHT**

☐ **GESCHAFFT**

17.

DIR ENDLICH MAL EIN SIXPACK ANTRAINIEREN

Jede Generation hat ihre Sexsymbole. Die einen wollten so einen Sixpack haben wie Sean Connery, die anderen hielten es eher mit Brad Pitt. Aber warum anderen nur zusehen, wenn man es auch selbst haben kann? Also hol dir dein Sixpack!

DATUM:

ORT:

☐ **GEPLANT**

☐ **VERSUCHT**

☐ **GESCHAFFT**

18.

BUNGEE JUMPING AUSPROBIEREN – UND DIR DABEI NICHT ANMERKEN LASSEN, DASS DU RICHTIG SCHISS HAST!

Der pure Kick für Adrenalinjunkies. Einen Schritt bis zum Rand, ein weiterer, ganz vorsichtig – und dann: Ab ins Glück!

DATUM:

ORT:

☐ **GEPLANT**

☐ **VERSUCHT**

☐ **GESCHAFFT**

19.

DIR EIN TATTOO STECHEN LASSEN

Schon Ötzi hatte eines – Tattoos gehören zur Geschichte der Menschen wie die Luft zum Atmen. Zwar ist es inzwischen irgendwie zum Trend geworden, sich tätowieren zu lassen, aber jenseits von Unterarm-Sportlertattoo und Arschgeweih fällt dir bestimmt etwas Besonderes ein.

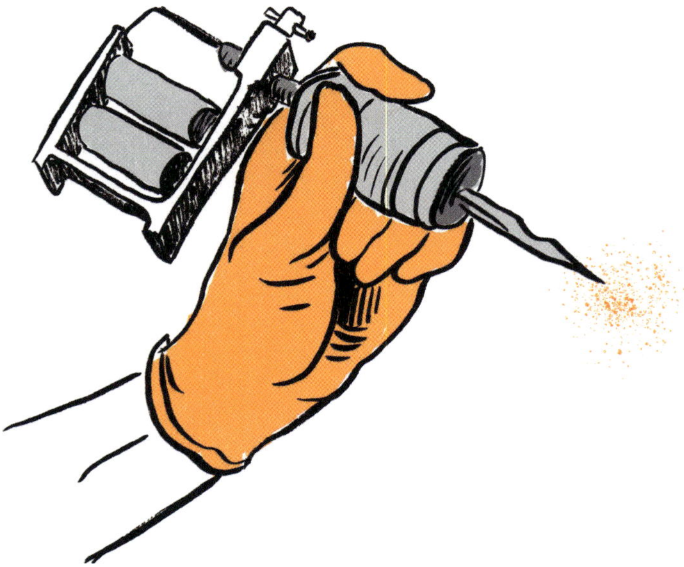

DATUM:

ORT:

- ☐ **GEPLANT**
- ☐ **VERSUCHT**
- ☐ **GESCHAFFT**

20.

EINE NEUE FREMDSPRACHE LERNEN

Allein für die Fähigkeit, Serien und Filme in der Originalfassung zu gucken und damit jeden Wortwitz zu verstehen, auch die, die sich nicht übersetzen lassen, lohnt es sich schon, eine neue Sprache zu lernen. Ganz zu schweigen von den Möglichkeiten beim Reisen. Mit einer Sprach-App kannst du dir z.B. jeden Tag oder jede Woche etwas Neues vornehmen.

DATUM:

ORT:

- ☐ **GEPLANT**
- ☐ **VERSUCHT**
- ☐ **GESCHAFFT**

21.

NACKT IM SEE SCHWIMMEN

Ein einsamer See im Sonnenuntergang, um dich herum nur die schneebedeckten Gipfel der umliegenden Berge. Wenn du dich da reintraust, dann lass die Klamotten weg: Ein Gefühl von Freiheit, wie du es selten erlebt hast.

DATUM:

ORT:

☐ **GEPLANT**

☐ **VERSUCHT**

☐ **GESCHAFFT**

22.

DIE SCHÄRFSTE VERSION EINES GERICHTS IN EINEM RESTAURANT BESTELLEN

DIE Mutprobe schlechthin für Angeber am Esstisch. Das funktioniert vor allem beim Thailänder hervorragend. Kleiner Tipp: Bestelle dir direkt ein Glas Milch mit. Das lindert den Schmerz.

DATUM:

ORT:

- [ ] **GEPLANT**
- [ ] **VERSUCHT**
- [ ] **GESCHAFFT**

23.

EINEN BACKSTREET BOYS SONG IN DER KARAOKE-BAR PERFORMEN

Die Peinlichkeit eines Karaoke-Abends ist erst dann unübertroffen, wenn du dir die peinlichste aller Nummern rausgesucht hast. Und was könnte das anderes sein als ein Backstreet Boys Song?

DATUM:

ORT:

☐ **GEPLANT**

☐ **VERSUCHT**

☐ **GESCHAFFT**

24.

FÜR EINE FRAU KOCHEN – EIN DREI-GÄNGE MENÜ AM BESTEN

Versteht sich von selbst, dass du als Gentleman deine Liebste nach Strich und Faden verwöhnst. Wenn es ums erste Date bei dir zu Hause geht, koche dein Menü vorher eine Woche lang jeden Tag für deine Freunde. Übung macht den Meister.

DATUM:

ORT:

☐ **GEPLANT**

☐ **VERSUCHT**

☐ **GESCHAFFT**

25.

ZUR PEDIKÜRE GEHEN

Wer hat eigentlich gesagt, dass sich nur Frauen hübsche Fußnägel gönnen sollten? Gepflegte Füße kommen bei der Damenwelt gut an, also ab zum nächsten Beautysalon!

DATUM:

ORT:

- [ ] **GEPLANT**
- [ ] **VERSUCHT**
- [ ] **GESCHAFFT**

26.

ZU FUSS VON DER OSTSEE BIS IN DIE ALPEN WANDERN – AM BESTEN NUR MIT EINEM ZELT ALS GEPÄCK

Als Selbstfindungstrip, Pärchenurlaub oder Challenge gemeinsam mit deinem besten Freund. Wenn du das ganze Land zu Fuß durchquert hast, kannst du sicher sein, dass sich die Beziehung zu deinem Mitwanderer gefestigt hat – oder zu dir selbst.

DATUM:

ORT:

☐ **GEPLANT**

☐ **VERSUCHT**

☐ **GESCHAFFT**

27.

EINE TIERPATENSCHAFT ANNEHMEN ODER VERSCHENKEN

Damit unterstützt du Zoos, Bauernhöfe oder Tierparks und sorgst dafür, dass sie besser über die Runden kommen. Besonders beliebt: Alpaka-Patenschaften.

DATUM:

ORT:

- ☐ **GEPLANT**
- ☐ **VERSUCHT**
- ☐ **GESCHAFFT**

28.

DIR DIE HAARE FÄRBEN

BLOND GILT, ABER BUNTE FARBEN SIND NATÜRLICH DIE GRÖSSERE HERAUSFORDERUNG.

Schon mal vor einem wichtigen Bewerbungsgespräch darüber nachdenken müssen, was du mit deinen grünen Haaren machst? Nein? Dann wird es Zeit. Denn einmal Farbe bekennen zeugt von Charakterstärke.

DATUM:

ORT:

☐ **GEPLANT**

☐ **VERSUCHT**

☐ **GESCHAFFT**

29.

EINEN BART WACHSEN LASSEN

Testosteron in Reinkultur: Der männliche Bart. Viele Frauen finden einen Drei-Tage-Bart attraktiv. Aber auch ein richtiger Vollbart macht viel her. Egal, wofür du dich entscheidest: Es ist definitiv einen Versuch wert.

DATUM:

ORT:

☐ **GEPLANT**

☐ **VERSUCHT**

☐ **GESCHAFFT**

30.

EINE FLASCHE MIT EINEM FEUERZEUG ÖFFNEN

Grund-Skill eines jeden Mannes. Alternativ mit einer zweiten Flasche oder am Rand der Bierkiste. Und wenn dir das zu einfach ist, probiere es mit den Zähnen.

DATUM:

ORT:

- ☐ **GEPLANT**
- ☐ **VERSUCHT**
- ☐ **GESCHAFFT**

31.

EINE MINDESTENS EINWÖCHIGE REISE ALLEINE MACHEN

Reisen ist keine Kunst, aber was, wenn du auf dich allein gestellt bist? Dann erlebst du viele Dinge gleich viel intensiver und denkst vielleicht auch mal über Dinge nach, die du bisher lieber verdrängt hast. In jedem Fall wirst du danach ein anderer Mensch sein und dich selbst besser kennen.

DATUM:

ORT:

☐ **GEPLANT**

☐ **VERSUCHT**

☐ **GESCHAFFT**

32.

SEX AN EINEM UNGEWÖHNLICHEN ORT HABEN

Auf der Waschmaschine? Im Auto? Nachts heimlich im Pool? Sicher fallen dir die verrücktesten Ideen ein. Der Phantasie sind keine Grenzen gesetzt. Aber lass dich bloß nicht erwischen!

DATUM:

ORT:

☐ **GEPLANT**

☐ **VERSUCHT**

☐ **GESCHAFFT**

33.

EINMAL YOGA AUSPROBIEREN

Yoga ist nur was Frauen? Überhaupt nicht! Je nachdem, was für ein Typ du bist, kannst auch du dich dabei entspannen oder mit Power Yoga Dampf ablassen. Wer weiß, vielleicht wird es ja sogar deine neue Lieblingsroutine, den Tag mit dem Sonnengruß zu beginnen!

DATUM:

ORT:

☐ **GEPLANT**

☐ **VERSUCHT**

☐ **GESCHAFFT**

34.

DICH BEI „WER WIRD MILLIONÄR" BEWERBEN

Hast du nicht auch schon gefühlt hundertmal vor dem Fernseher gesessen und dir gesagt: Das hätte ich aber gewusst? Na dann los! Günther Jauch wartet auf dich.

DATUM:

ORT:

☐ **GEPLANT**

☐ **VERSUCHT**

☐ **GESCHAFFT**

35.

EINEN KOMPOSTHAUFEN BAUEN

Jeder Deutsche produziert pro Jahr mehr als 200 Kilo Verpackungsmüll. Und dann schmeißen viele auch noch kompostierbare Abfälle einfach in den Mülleimer. Das muss nicht sein. Gehe mit einem guten Beispiel voran und baue deinen eigenen Komposthaufen, im Garten oder auf dem Balkon.

DATUM:

ORT:

☐ **GEPLANT**

☐ **VERSUCHT**

☐ **GESCHAFFT**

36.

AUF ALLEN KONTINENTEN DER WELT EINMAL GEWESEN SEIN

Wenn du die Sammlung voll hast, konzentriere dich auf einzelne Staaten und Länder.

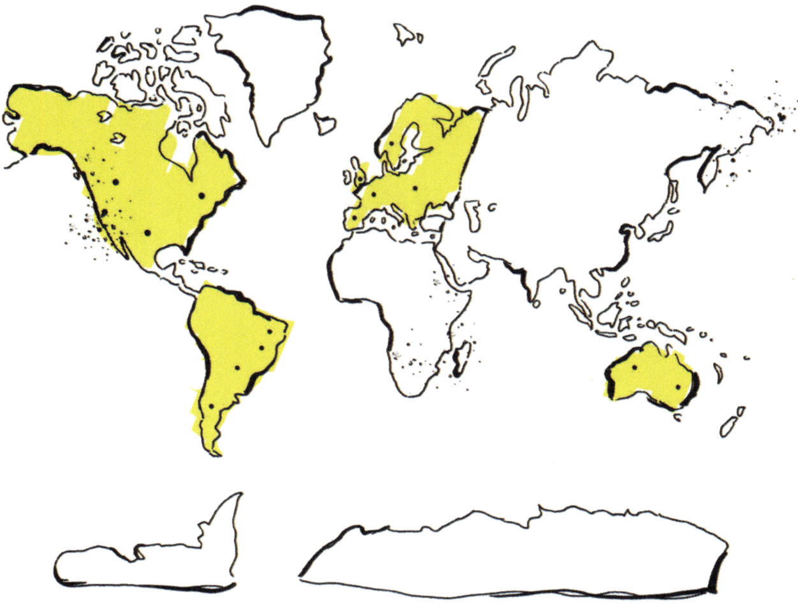

DATUM:

ORT:

☐ **GEPLANT**

☐ **VERSUCHT**

☐ **GESCHAFFT**

37.

JONGLIEREN LERNEN

Das ist gar nicht so schwer, wie du vielleicht denkst. Tipp: Übe mit Orangen und jongliere erst zwei Früchte mit einer Hand, ehe du die dritte dazuwirfst.

DATUM:

ORT:

☐ **GEPLANT**

☐ **VERSUCHT**

☐ **GESCHAFFT**

38.

AUS EINEM HUBSCHRAUBER AUF EINE SKIPISTE SPRINGEN

Klingt verrückt? Ist es nicht! Heliskiing ist ein Trend, den du in Ländern wie Kanada einfach mal ausprobieren kannst. Du belohnst dich für deinen Mut mit puderschneebedeckten, frischen Pisten.

DATUM:

ORT:

☐ **GEPLANT**

☐ **VERSUCHT**

☐ **GESCHAFFT**

39.

EINEN JOB KÜNDIGEN

Wenn dein Job dich unglücklich macht, aus welchen Gründen auch immer, solltest du etwas an deiner Situation ändern. Manchmal ist es einfach an der Zeit, neue Wege zu gehen. Trau dich und kündige! Oft findet man dadurch erst den Impuls für ganz neue, ungeahnte Möglichkeiten.

DATUM:

ORT:

☐ **GEPLANT**

☐ **VERSUCHT**

☐ **GESCHAFFT**

40.

WEGEN EINER FRAU WEINEN

Auch wenn man gern hart bleiben will, manchmal tut eine Trennung eben weh. Und dann kann man auch mal um das weinen, was man verloren hat.

DATUM:

ORT:

☐ **GEPLANT**

☐ **VERSUCHT**

☐ **GESCHAFFT**

41.

EINEN ABSTIEG DES LIEBLINGSVEREINS MITMACHEN

Wenn du mal mit einem Haufen Fremder in einem Fußballstadion einen Abstieg miterlebt hast und ihr euch heulend in den Armen gelegen habt, dann wisst ihr, was wahre Kameradschaft bedeutet.

DATUM:

ORT:

☐ **GEPLANT**

☐ **VERSUCHT**

☐ **GESCHAFFT**

42.

EINMAL DEIN TRAUMAUTO FAHREN – ZUR NOT ALS TESTFAHRT

Darf es ein Ferrari sein? Oder lieber eine Isetta? Irgendwann kannst du dir dein Traumauto vielleicht leisten, bis dahin kannst du dein Lieblingsgefährt auf vier Rädern aber zumindest mal ein Wochenende ausprobieren. Für Traumwagen gibt es übrigens spezielle Events.

DATUM:

ORT:

☐ **GEPLANT**

☐ **VERSUCHT**

☐ **GESCHAFFT**

43.

IN MEHREREN LÄNDERN GLEICHZEITIG STEHEN – DAS FUNKTIONIERT ZUM BEISPIEL IN BASEL

Dank des Schengen-Abkommens ist es heutzutage kein Problem mehr, zum Beispiel in den Vogesen auf einer Wanderung fröhlich zwischen Deutschland und Frankreich hin- und herzuhüpfen.

DATUM:

ORT:

☐ **GEPLANT**

☐ **VERSUCHT**

☐ **GESCHAFFT**

44.

FÜR EINE WOCHE KOMPLETT AUF SOCIAL MEDIA VERZICHTEN

Das Kopenhagener Happiness-Research-Institut hat es 2015 erwiesen: Eine Woche auf Facebook zu verzichten macht glücklicher. Und jetzt bist du dran. Mit der gewonnen Zeit kannst du z.B. andere Bucket-List-Punkte abhaken, die bisher immer zu kurz gekommen sind!

DATUM:

ORT:

☐ **GEPLANT**

☐ **VERSUCHT**

☐ **GESCHAFFT**

45.

WASSERSKI FAHREN

Ob im Urlaub in Griechenland oder an der Ostsee – Wasserskifahren gehört zu DEN Strand-Sportarten schlechthin. Wenn dir das zu kompliziert ist, tut es aber auch die gute alte Banane.

DATUM:

ORT:

☐ **GEPLANT**

☐ **VERSUCHT**

☐ **GESCHAFFT**

46.

EINE COUCH IN DEN FÜNFTEN STOCK TRAGEN

SELBSTVERSTÄNDLICH OHNE AUFZUG.

Ob als Freundschaftsdienst oder für den eigenen Umzug. Eine Couch enge Treppen hochzuschleppen gehört zu den Erlebnissen, die du auf jeden Fall mal gemacht haben musst, die du danach aber sicher nicht freiwillig noch einmal machen willst. Aber ob es Spaß macht, steht auf einem anderen Blatt.

DATUM:

ORT:

☐ **GEPLANT**

☐ **VERSUCHT**

☐ **GESCHAFFT**

47.

AUF EINEM HUSKY-SCHLITTEN MITFAHREN

Eine Hundeschlittenfahrt ist ein richtiges Abenteuer. In Alaska, Grönland oder Teilen Skandinaviens sind Hundeschlitten klassische Transportmittel und du kannst dort sogar an Schlittenrennen teilnehmen.

DATUM:

ORT:

☐ **GEPLANT**

☐ **VERSUCHT**

☐ **GESCHAFFT**

48.

EINE DEINER ÄNGSTE BESIEGEN
ZUM BEISPIEL DIE HÖHENANGST DURCH KLETTERN.

Konfrontation hilft oft dabei, Ängste zu überwinden. Sei es die Angst vor Spinnen, vor kleinen Räumen oder gar eine Anatidaephobie. Was das ist? Die Angst, von einer Ente beobachtet zu werden. Kein Witz.

DATUM:

ORT:

☐ **GEPLANT**

☐ **VERSUCHT**

☐ **GESCHAFFT**

49.

EINEN STEIN SO WERFEN, DASS ER ÜBER DAS WASSER SPRINGT

Der Weltrekordhalter im Steinehüpfenlassen hat 88 Sprünge und um die 100 Meter geschafft. Viel Spaß beim Nachahmen.

DATUM:

ORT:

☐ **GEPLANT**

☐ **VERSUCHT**

☐ **GESCHAFFT**

50.

EIN FEUER LÖSCHEN

Ob mit einer Decke oder dem Feuerlöscher an der Wand. Ein Feuer zu löschen gehört zu den Grundeigenschaften, die du können solltest. Im Notfall kann das Leben retten.

DATUM:

ORT:

☐ **GEPLANT**

☐ **VERSUCHT**

☐ **GESCHAFFT**

51.

EINEN WAL IM WAHREN LEBEN SEHEN UND IM BESTEN FALL MIT IHM SCHWIMMEN

Keine Sorge, die Ozeanriesen sind in der Regel total harmlos und nehmen dich überhaupt nicht wahr. Wenn du das Glück hast, ihnen zu begegnen, genieße den Moment!

DATUM:

ORT:

☐ **GEPLANT**

☐ **VERSUCHT**

☐ **GESCHAFFT**

52.

ETWAS MACHEN, DAS DICH ÜBER DEINEN SCHATTEN SPRINGEN LÄSST

Ob Theater, Karaoke oder einfach im kalten Meer baden - trau dich, etwas zu tun, zu dem du dich erst überwinden musst. Danach fühlst du dich bestimmt richtig gut, denn du hast dich einer echten Herausforderung gestellt und sie, wie auch immer, gemeistert. Und wer weiß, vielleicht macht es ja sogar Spaß?

DATUM:

ORT:

☐ **GEPLANT**

☐ **VERSUCHT**

☐ **GESCHAFFT**

53.

EINEN MASSGESCHNEIDERTEN ANZUG KAUFEN

Was früher den Businessmännern vorbehalten war, ist heute dank neuer Angebote im Netz für jedermann bezahlbar. Es muss nicht mal teurer sein als von der Stange. Und wie sagte schon Barney Stinson? Nothing suits you like a suit.

DATUM:

ORT:

☐ **GEPLANT**

☐ **VERSUCHT**

☐ **GESCHAFFT**

54.

EINE ZEIT IM AUSLAND LEBEN

Andere Länder, andere Sitten. Das sagt man so, aber tatsächlich stimmt es auch. Und andere Sitten kennenzulernen erweitert den Horizont. Außerdem lernt sich keine Fremdsprache so gut wie durch Learning by Doing im Zielland. Neue Freunde inklusive. Also los: Trau dich und zieh in dein Traumland!

DATUM:

ORT:

☐ **GEPLANT**

☐ **VERSUCHT**

☐ **GESCHAFFT**

55.

IM DROGERIEMARKT DIE GRÖSSTE KONDOMGRÖSSE KAUFEN

UND DABEI MIT DER KASSIERERIN FLIRTEN.

Am besten verknüpfst du das mit einer Wette. Dann war die Peinlichkeit nicht umsonst. Außer du bist so ein geschickter Flirter, dass du die Kassiererin tatsächlich mit der Nummer rumkriegst. In diesem Fall: Chapeau.

DATUM:

ORT:

☐ **GEPLANT**

☐ **VERSUCHT**

☐ **GESCHAFFT**

56.

EINE SAFARI MACHEN

Elefanten, Giraffen Löwen. All die Tiere, von denen du als kleiner Junge schon geträumt hast. Sie in freier Wildbahn zu sehen gehört definitiv auf die To-Do-Liste des Lebens.

DATUM:

ORT:

☐ **GEPLANT**

☐ **VERSUCHT**

☐ **GESCHAFFT**

57.

DIE WORK-LIFE-BALANCE MAL ZUR LIFE-WORK-BALANCE MACHEN

Wie das gehen soll? Vermeide konsequente Erreichbarkeit, lies zu Hause keine geschäftlichen Mails mehr, frühstücke mit der Familie, mache keine Überstunden und nimm dir jeden Tag eine Stunde mehr Zeit für deine Liebsten. Schon hast du eine deutlich höhere Lebensqualität.

DATUM:

ORT:

☐ **GEPLANT**

☐ **VERSUCHT**

☐ **GESCHAFFT**

58.

UNTERM STERNENHIMMEL ÜBERNACHTEN

Wildes Campen ist in Deutschland verboten, aber auf eine Nacht unterm Sternenhimmel musst du trotzdem nicht verzichten. Auf dem Balkon, im Garten oder in einem sogenannten Bubble-Hotel unter einer Glasfassade schläfst du unter Millionen von Sternen ein.

DATUM:

ORT:

☐ **GEPLANT**

☐ **VERSUCHT**

☐ **GESCHAFFT**

59.

KAFFEE SELBST RÖSTEN

Rohkaffee bekommst du bei diversen Bioshops oder du fragst bei deiner örtlichen Rösterei. Dann brauchst du nichts weiter als eine Bratpfanne ohne Öl und ein wenig Geduld, bis die Bohnen ihr Aroma entfalten und deine Küche herrlich nach Karamell duftet. Deine Freunde werden staunen.

DATUM:

ORT:

☐ **GEPLANT**

☐ **VERSUCHT**

☐ **GESCHAFFT**

60.

EINE SPINNE AUS DEM RAUM ENTFERNEN, OHNE SIE ZU TÖTEN

Den Pantoffel geschnappt und – BAM! Das kann jeder. Und so wirklich fair ist das der Spinne gegenüber ja wohl nicht. Also sei auch hier ein Gentleman, packe dir ein Glas und einen Untersetzer oder eine Postkarte und begleite deinen Mitbewohner wie es sich gehört vor die Tür.

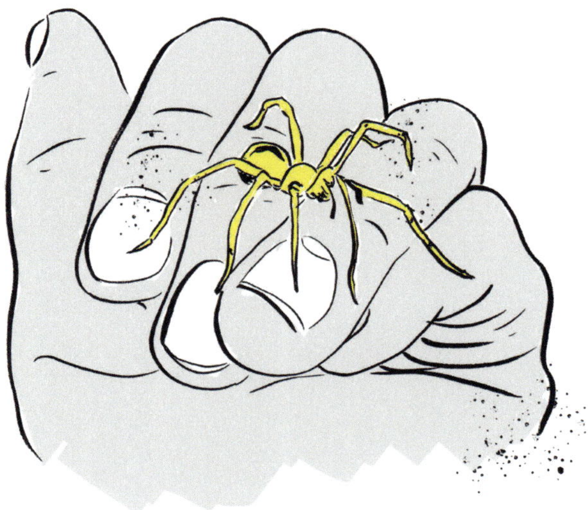

DATUM:

ORT:

☐ **GEPLANT**

☐ **VERSUCHT**

☐ **GESCHAFFT**

61.

DICH EINEN TAG ÜBER NICHTS BESCHWEREN UND NICHT LÄSTERN

Versuch es wenigstens mal einen Tag: Sei zufrieden mit dir selbst und lass die anderen Leute ihr Ding machen, ohne es zu kommentieren. Du wirst sehen, du bist gleich viel gelassener!

DATUM:

ORT:

☐ **GEPLANT**

☐ **VERSUCHT**

☐ **GESCHAFFT**

62.

EIN BUCH VON MEHR ALS 1000 SEITEN LESEN

Die Säulen der Erde, Der Herr der Ringe, Krieg und Frieden ... Ein gutes Buch muss nicht immer lang sein, die Klassiker der Weltliteratur sind es aber häufig. Oder wie wär's mit einem richtig spannenden Krimi? Du wirst sehen, die ersten 500 Seiten hast du im Handumdrehen durch!

DATUM:

ORT:

☐ **GEPLANT**

☐ **VERSUCHT**

☐ **GESCHAFFT**

63.

EINE PLATONISCHE FREUNDSCHAFT MIT EINER FRAU FÜHREN

Das geht vielleicht nicht mit jeder Frau, aber es geht! Und es ist super entspannt und entspannend.

DATUM:

ORT:

☐ **GEPLANT**

☐ **VERSUCHT**

☐ **GESCHAFFT**

64.

MIT HAIEN SCHWIMMEN

Während Wale dir in den meisten Fällen nichts tun würden, ist bei Haien eine gewisse Vorsicht geboten. Aber auch hier gilt: Wenn du dich ruhig verhältst, schwimmen die Raubfische ihres Weges, etwa in einem Korallenriff, in dem sie eine wahnsinnige Ruhe und Schönheit ausstrahlen.

DATUM:

ORT:

☐ **GEPLANT**

☐ **VERSUCHT**

☐ **GESCHAFFT**

65.

EINE KAMPFSPORTART LERNEN

Die asiatischen Künste sind anstrengender, als sie aussehen – und es braucht viel Konzentrationsvermögen und Körperbeherrschung. Einfach mal ausprobieren – fit hältst du dich damit auch.

DATUM:

ORT:

☐ **GEPLANT**

☐ **VERSUCHT**

☐ **GESCHAFFT**

66.

TANZEN LERNEN – STANDARD, LATIN ODER SWING ZUM BEISPIEL

Du bist nicht so der Tänzer? Versuch es doch mal, das kann nämlich echt gute Laune machen! Ob klassischer Standard, feurige Latin-Tänze oder auch mal ein flotter Charleston – Möglichkeiten gibt es genug. Und vielleicht wird es ja sogar dein neues Hobby mit deiner Partnerin?

DATUM:

ORT:

☐ **GEPLANT**

☐ **VERSUCHT**

☐ **GESCHAFFT**

67.

LERNEN, NEIN ZU SAGEN

Der dringende Auftrag für den Chef, der vereinbarte Stammtisch am Abend und am nächsten Tag der Umzug des besten Freundes. Irgendwann ist es so weit: Du hast dich zum Burnout bringen lassen. Deshalb: Lass dir nicht immer alles aufzwängen. Manchmal ist es besser, auch mal an dich zu denken.

DATUM:

ORT:

☐ **GEPLANT**

☐ **VERSUCHT**

☐ **GESCHAFFT**

68.

EIN STEAK AUF DEN PUNKT GRILLEN

Den guten alten Daumenballentrick solltest du als Grillmeister vom Dienst kennen. Google hilft weiter. Aber die Grenze zwischen roh und verbrannt ist fließend. Auch hier gilt wieder: Übung macht den Meister.

DATUM:

ORT:

- [ ] **GEPLANT**
- [ ] **VERSUCHT**
- [ ] **GESCHAFFT**

69.

EIN GERÄT REPARIEREN, DAS EIGENTLICH SCHON DAS ZEITLICHE GESEGNET HAT

Bevor du dir gleich ein neues Handy, einen neuen MP3-Player oder einen neuen Computer zulegst, versuch doch einfach mal, das Problem selbst zu lösen. Tutorials gibt es heute für nahezu alles. Einen Versuch ist es wert.

DATUM:

ORT:

☐ **GEPLANT**

☐ **VERSUCHT**

☐ **GESCHAFFT**

70.

EINE FAMILIE GRÜNDEN

Du denkst, euer Leben als Paar ist perfekt? Euch fehlt nichts? Dann verpasst du etwas. Nach einem Arbeitstag nach Hause kommen und dein strahlendes Kind in die Arme schließen, es auf deinem Arm einschlafen lassen, mit ihm die Welt entdecken und ein Abenteuer nach dem anderen erleben - es gibt kaum etwas Schöneres.

DATUM:

ORT:

☐ **GEPLANT**

☐ **VERSUCHT**

☐ **GESCHAFFT**

71.

EIN ROCK-KONZERT BESUCHEN

Es muss auch nicht unbedingt Rockmusik sein, aber ein Konzert solltest du auf jeden Fall einmal mitgemacht haben! Mit den Freunden oder der Partnerin, beides macht Spaß.

DATUM:

ORT:

☐ **GEPLANT**

☐ **VERSUCHT**

☐ **GESCHAFFT**

72.

EIN MUSIKINSTRUMENT LERNEN UND VOR PUBLIKUM AUFFÜHREN

UND WENN ES NUR DIE EIGENE FAMILIE IST.

Die schönste aller Künste, die schönste Sprache der Welt: Musik hat viele Namen. Wie viel in Musik steckt, erfährst du aber nur, wenn du selbst ein Instrument spielst. Und wenn es nur eine Triangel ist. Dafür brauchst du nicht mal Talent.

DATUM:

ORT:

☐ **GEPLANT**

☐ **VERSUCHT**

☐ **GESCHAFFT**

73.

EINMAL SELBST BIER BRAUEN

Craft Beer ist inzwischen jedem ein Begriff. Du kannst sogar eine kleine Brauerei buchen, um dort mit Freunden dein eigenes Bier herzustellen, z.B. zum Junggesellenabschied. Dieses Erlebnis vergesst ihr sicher nicht so schnell – und ein leckeres Souvenir gibt's gleich noch dazu.

DATUM:

ORT:

- ☐ **GEPLANT**
- ☐ **VERSUCHT**
- ☐ **GESCHAFFT**

74.

EINE KRAWATTE BINDEN

Windsor, Cavendish oder Grantchester – damit sind keine englischen Grafschaften gemeint, sondern Krawattenknoten. Also auf geht's, hol die Krawatten raus und mach dich ans Üben – fürs Opernkonzert, das Bewerbungsgespräch oder einfach so, um mal richtig schick auszugehen.

DATUM:

ORT:

☐ **GEPLANT**

☐ **VERSUCHT**

☐ **GESCHAFFT**

75.

EINEN KLEIDERSCHRANK EIGENSTÄNDIG AUFBAUEN

Du kennst das: Du hast das neue Möbelstück bestellt und kein Mensch kann die Anleitung auch nur ansatzweise entziffern. Und warum fehlt eigentlich immer genau eine Schraube? Ob das wohl Absicht ist? Lass dich davon nicht abbringen und führe das Werk zu Ende!

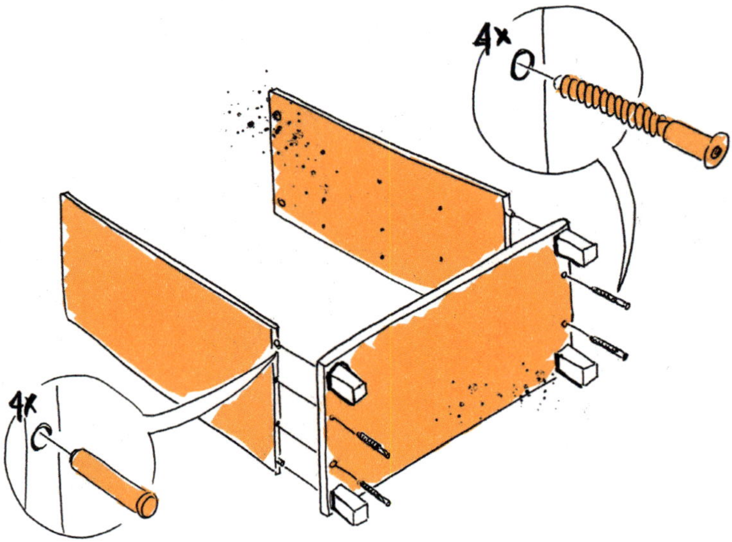

DATUM:

ORT:

☐ **GEPLANT**

☐ **VERSUCHT**

☐ **GESCHAFFT**

76.

BLUT SPENDEN

Tut nicht weh, schadet dir nicht und kann anderen Menschen das Leben retten. Und besonders für Studenten auch noch ein Extra-Anreiz: Pro Blutspende bekommst du in der Regel 20 Euro. Es ist also eine Win-Win-Situation.

DATUM:

ORT:

- [ ] **GEPLANT**
- [ ] **VERSUCHT**
- [ ] **GESCHAFFT**

77.

EIN LAGERFEUER ENTFACHEN

OHNE TECHNISCHE HILFSMITTEL.

Wir sind schon bequem geworden in der modernen Welt. Ofen an, Essen fertig, Ofen aus. Mache es doch mal wie früher, so richtig back to nature: Entfache Feuer mit zwei Steinen, Bogen und Brett oder einer Lupe und einem Papier. Irgendwie geht es immer.

DATUM:

ORT:

☐ **GEPLANT**

☐ **VERSUCHT**

☐ **GESCHAFFT**

78.

EINEN EIGENEN SONG SCHREIBEN

Es muss ja nicht gleich ein Charthit werden, aber du hast bestimmt genug zu sagen, was sich als Song gut machen würde. Egal ob auf Deutsch oder Englisch.

DATUM:

ORT:

- [ ] **GEPLANT**
- [ ] **VERSUCHT**
- [ ] **GESCHAFFT**

79.

EINE FREUNDSCHAFT, DIE NICHT MEHR GUT TUT, BEENDEN

Manchmal muss man sich trennen können. Von Dingen, von Gefühlen, aber auch von Menschen. Und was für Beziehungen gilt, gilt auch für Freundschaften. So traurig es scheinen mag, manchmal ist es einfach besser, getrennte Wege zu gehen.

DATUM:

ORT:

☐ **GEPLANT**

☐ **VERSUCHT**

☐ **GESCHAFFT**

80.

NACH EINER DURCHZECHTEN NACHT NACKT IRGENDWO AUFWACHEN UND NICHT WISSEN, WO

Oh, oh … wie bist du hier nur hingekommen? Wie kommst du aus der Nummer wieder raus? Und wie sollst du jemals wieder einen Schluck Alkohol trinken? Ach, was soll's, in der Situation waren wir doch alle schon mal.

DATUM:

ORT:

☐ **GEPLANT**

☐ **VERSUCHT**

☐ **GESCHAFFT**

81.

EIN BAUMHAUS BAUEN

Ein Drittel der Fläche von Deutschland ist von Wald bedeckt. Da wird sich doch noch ein Plätzchen für dein kleines Projekt finden lassen. Ob für dich als Rückzugsort, mit Freunden oder für deine Kinder – allein das Bauen ist schon ein Mordsspaß!

DATUM:

ORT:

☐ **GEPLANT**

☐ **VERSUCHT**

☐ **GESCHAFFT**

82.

EINMAL POLARLICHTER SEHEN

AM BESTEN VERKNÜPFT MIT EINER REISE IN DEN EWIG DUNKLEN NORDEN IM WINTER.

Wenn es tage- und wochenlang nicht hell wird, ist das schon etwas Besonderes, wenn sich am Himmel die grünbunten Lichter zeigen. Wie weit entfernte magische Blitze am Horizont. Dann fühlst du dich wie in einer anderen Welt.

DATUM:

ORT:

☐ **GEPLANT**

☐ **VERSUCHT**

☐ **GESCHAFFT**

83.

EIGENES GEMÜSE ZÜCHTEN

Bio soll es sein – aber warum im Supermarkt einkaufen, wenn man sich auch selbst darum kümmern kann? Für bestes Gemüse brauchst du gar nicht viel Platz. Auf dem Balkon kannst du z.B. ein Hochbeet anlegen und dort Karotten und Zucchini anpflanzen – die gedeihen garantiert.

DATUM:

ORT:

☐ **GEPLANT**

☐ **VERSUCHT**

☐ **GESCHAFFT**

84.

IN DEINER EIGENEN STADT EINE STADTFÜHRUNG MITMACHEN

Du kennst jede Ecke deiner Stadt wie deine eigene Westentasche? Und da bist du dir sicher? Probier's aus, lass dich überraschen. Vielleicht entdeckst du ja doch die eine oder andere Überraschung samt Geheimtipp für's nächste Wochenende …

DATUM:

ORT:

☐ **GEPLANT**

☐ **VERSUCHT**

☐ **GESCHAFFT**

85.

JEMANDEM DEINE LIEBE GESTEHEN

Die drei magischen Worte. Irgendwann schleicht sich dieser eine Moment ein, in dem sie dir über die Lippen kommen. Kann es etwas Schöneres geben?

DATUM:

ORT:

☐ **GEPLANT**

☐ **VERSUCHT**

☐ **GESCHAFFT**

86.

EINEN ROADTRIP ÜBER DIE ROUTE 66 MACHEN

Die legendäre Straße von Chicago bis nach Kalifornien – fast 4000 Kilometer lang. Sie ist heute zwar nicht mehr durchgehend befahrbar, aber mit Unterbrechungen kannst du sie dir nach wie vor vornehmen, am besten natürlich mit einer Harley Davidson. Alternativ kannst du dir natürlich auch ein Ziel in Deutschland aussuchen!

DATUM:

ORT:

☐ **GEPLANT**

☐ **VERSUCHT**

☐ **GESCHAFFT**

87.

EINE STAFFEL GERMANY'S NEXT TOPMODEL ODER SEX AND THE CITY SCHAUEN

HEIMLICH.

Weil es einfach schon irgendwie Kult ist – es verlangt auch niemand von dir, es ernst zu nehmen. Tun andere auch nicht unbedingt.

DATUM:

ORT:

☐ **GEPLANT**

☐ **VERSUCHT**

☐ **GESCHAFFT**

88.

DEN KOPF KAHL RASIEREN

Zugegeben: Nicht jedem steht eine Glatze. Aber wie es bei dir aussieht, weißt du erst, wenn du es probierst. Der Vorteil ist klar: Du musst nicht mehr zum Friseur und keine Haare waschen. Und wenn du dir dann noch einen Bart wachsen lässt, hast du optisch ein ganz neues Ich erschaffen.

DATUM:

ORT:

☐ **GEPLANT**

☐ **VERSUCHT**

☐ **GESCHAFFT**

89.

ZUM MOND FLIEGEN

Elon Musk macht es vor, irgendwann klappt es ja vielleicht und ist nicht mehr nur ein Traum. Mit dem nötigen Kleingeld ist es übrigens auch möglich, schon jetzt als Weltraumtourist die ISS zu besuchen. Der Amerikaner Dennis Anthony Tito hat das im Jahr 2001 als erster gemacht. Kostenpunkt: 20 Millionen Dollar.

DATUM:

ORT:

☐ **GEPLANT**

☐ **VERSUCHT**

☐ **GESCHAFFT**

90.

PLÄTZCHEN BACKEN

Du kannst gar nicht backen? Egal, es geht um den Spaßfaktor – und den guten Willen! Such dir das einfachste Rezept aus oder etwas Komplizierteres, wenn du dich herausfordern willst, und los geht's! Denn was wäre ein Weihnachtsfest ohne den Duft und den Geschmack von Selbstgebackenem?

DATUM:

ORT:

☐ **GEPLANT**

☐ **VERSUCHT**

☐ **GESCHAFFT**

91.

EIN FOTO VOR DEM RELIEF VON MACCHU PICCHU MACHEN

Die Ruinenstadt der Inka ist eines der großen Geheimnisse unserer Menschheit. Niemand weiß, wofür sie wirklich da war und wie sie zugrunde ging. Dafür ist ein Besuch umso beeindruckender.

DATUM:

ORT:

☐ **GEPLANT**

☐ **VERSUCHT**

☐ **GESCHAFFT**

92.

EINEN MONAT VEGETARISCH LEBEN

Die Massentierhaltung ist eine der großen Klimasünder unserer Zeit. Und jeder einzelne, der Billig-Fleischprodukte konsumiert, leistet seinen negativen Beitrag. Rund 60 Kilo Fleisch pro Kopf verbrauchen die Deutschen jährlich. Grund genug, es einmal ohne auszuprobieren.

DATUM:

ORT:

☐ **GEPLANT**

☐ **VERSUCHT**

☐ **GESCHAFFT**

93.

EINEN HELIKOPTERRUNDFLUG AUF HAWAII MACHEN

Das Paradies zu deinen Füßen. Wie winzige Balkonpflanzen sehen sie aus, die Kokospalmen. Die Traumstrände auf der einen Seite, die Vulkane auf der anderen - ein unvergessliches Panorama!

DATUM:

ORT:

- [ ] **GEPLANT**
- [ ] **VERSUCHT**
- [ ] **GESCHAFFT**

94.

EINEN MONAT DIE ROLLE MIT DEINER FRAU ODER FREUNDIN TAUSCHEN

Das moderne Rollenbild sieht ja zum Glück vor, dass du und deine Liebste im Haushalt die Aufgaben teilt. Aber manchmal ertappt man sich dabei, dass es dann doch die typischen Männer- und Frauenaufgaben gibt. Also: Ran an den Wochenplan. Einmal tauschen und mal sehen, was die bessere Hälfte so im Alltag alles durchmacht.

DATUM:

ORT:

☐ **GEPLANT**

☐ **VERSUCHT**

☐ **GESCHAFFT**

95.

EINE WOCHE IM WOHNWAGEN VERBRINGEN

Es liegt zwar nicht jedem, ist aber allemal eine Erfahrung wert: Keine überflüssigen Dinge, nur das absolut Nötigste, und um dich herum die Natur. Nach einer Woche im Wohnwagen weißt du den Wert von Minimalismus zu schätzen - und freust dich vielleicht umso mehr auf deine Wohnung. Und wenn nicht, dann weißt du ja jetzt, was du im nächsten Urlaub so machst.

DATUM:

ORT:

☐ **GEPLANT**

☐ **VERSUCHT**

☐ **GESCHAFFT**

96.

FÜR DEN TRAUMJOB BEWERBEN – AUCH WENN DIE ERFOLGSAUSSICHT GERING IST

Ein Löwenbändiger werden – das will ein Mann in einem berühmten Sketch der Comedy-Gruppe Monthy Python unbedingt. Und genau das fordert er auf dem Arbeitsamt ein. Also: Warum nicht? Man muss auch Träume haben. Trau dich, versuch's! Mehr als eine Absage kannst du nicht bekommen. Und vielleicht merkst du dabei ja auch, dass der Job, den du hast, gar nicht so schlecht ist.

DATUM:

ORT:

☐ **GEPLANT**

☐ **VERSUCHT**

☐ **GESCHAFFT**

97.

EINE NACHT MIT DEN BESTEN FREUNDEN DURCHZOCKEN

Ob Computerspiel, Rollenspiel oder Brettspiel – mach einfach mal die Nacht zum Tag. Mit deinen besten Freunden vergeht die Zeit garantiert wie im Flug!

DATUM:

ORT:

☐ **GEPLANT**

☐ **VERSUCHT**

☐ **GESCHAFFT**

98.

ETWAS SELBST BAUEN

IM BESTEN FALL EIN GANZES HAUS.

Das tolle Gefühl, etwas mit den eigenen Händen errichtet zu haben, ist einfach unvergleichbar. Je nach Talent, Zeit und Budget kann das übrigens alles sein vom Esstisch über die Feuerstelle bis hin zum Gartenschuppen oder Eigenheim.

DATUM:

ORT:

- ☐ **GEPLANT**
- ☐ **VERSUCHT**
- ☐ **GESCHAFFT**

99.

EINEN BAUM PFLANZEN UND IHN EIN LEBEN LANG BEIM WACHSEN UND GEDEIHEN BEGLEITEN

Es zählt zu den alten Must-Do's eines Gentlemans, neben dem Hausbau und der Geburt des eigenen Kindes. Das lässt sich übrigens auch verknüpfen: Pflanze den Baum im Geburtsjahr deines Kindes im eigenen Garten.

DATUM:

ORT:

☐ **GEPLANT**

☐ **VERSUCHT**

☐ **GESCHAFFT**

100.

DEINEN EIGENEN SCHNAPS BRENNEN

NATÜRLICH NUR FÜR DEN EIGENBEDARF, DAMIT DU DICH NICHT STRAFBAR MACHST.

Mini-Distillen für den Eigengebrauch gibt es im Netz schon für kleines Geld. Mit ein wenig Übung und Geduld bist du für die nächste Prohibition bestens gerüstet.

DATUM:

ORT:

☐ **GEPLANT**

☐ **VERSUCHT**

☐ **GESCHAFFT**

BUCHEMPFEHLUNGEN FÜR DICH

Noch mehr Kreativ-Bücher zum gleichen Thema gesucht?

ISBN 978-3-7724-4502-6

ISBN 978-3-7724-8068-3

ISBN 978-3-7724-4515-6

ISBN 978-3-7724-7149-0

ISBN 978-3-7724-4824-9

ISBN 978-3-7724-7596-2

ISBN 978-3-7724-7826-0

ISBN 978-3-7724-4513-2

ISBN 978-3-7724-4333-6

Viele weitere Kreativ-Bücher findest du auf www.TOPP-kreativ.de

IMPRESSUM

Hilfestellung zu allen Fragen, die Materialien und Bücher zu kreativen Hobbys betreffen: Frau Erika Noll berät euch. Ruf an oder schreib eine E-Mail!

E-Mail: mail@kreativ-service.info
Telefon: 0 50 52 / 91 18 58*
*normale Telefongebühren

Chris Ignatzi arbeitet als freier Journalist, Sprecher und Autor für mehrere ARD-Stationen, Magazine und Tageszeitungen.

Kim Hoss ist selbstständige Kommunikationsdesignerin und Illustratorin in Stuttgart.

Texte: Chris Ignatzi
Illustrationen: frechverlag GmbH, 70499 Stuttgart; Kim Hoss Kommunikationsdesign, Stuttgart
Projektmanagement und Lektorat: Eva Schrecklinger
Layout: Werbeagentur Rypka GmbH, www.rypka.at
Herstellung: Katrin Röhlig
Umschlaggestaltung: Eva Grimme
Druck & Bindung: POLYGRAF PRINT spol. s r.o.

1. Auflage 2020

ISBN 978-3-7724-4503-3 • Best.-Nr. 4503